★★★ *PASSWORT-AKTE*

LOGIN-DATEN & PASSWÖRTER VON A - Z

Wählen Sie Passwörter mit mindestens 8 Zeichen.

Verwenden Sie eine Kombination aus Großbuchstaben, Kleinbuchstaben, Zahlen und Sonderzeichen.

Vermeiden Sie jeglichen Bezug zu Ihrer Person wie z.B. Geburtsdatum.

Verwenden Sie keine Begriffe, die im Wörterbuch vorkommen.

Ändern Sie Ihre Passwörter regelmäßig.

Geben Sie Ihre Passwörter niemals an Dritte weiter.

Weitere Passwort-Tipps auf Seite 97

Dieses Buch gehört:	
Name	
Anschrift	
PLZ / Ort	
Tel.	
E-Mail	

Anbieter

Adresse

Benutzername

Passwort

Notizen

Anbieter

Adresse

Benutzername

Passwort

Notizen

A B

Anbieter

Adresse

Benutzername

Passwort

Notizen

Anbieter

Adresse

Benutzername

Passwort

Notizen

Anbieter

Adresse

Benutzername

Passwort

Notizen

Anbieter

Adresse

Benutzername

Passwort

Notizen

AB

Anbieter	
Adresse	
Benutzername	
Passwort	
Notizen	

Anbieter	
Adresse	
Benutzername	
Passwort	
Notizen	

A B

Anbieter

Adresse

Benutzername

Passwort

Notizen

Anbieter

Adresse

Benutzername

Passwort

Notizen

AB

Anbieter

Adresse

Benutzername

Passwort

Notizen

Anbieter

Adresse

Benutzername

Passwort

Notizen

Anbieter

Adresse

Benutzername

Passwort

Notizen

Anbieter

Adresse

Benutzername

Passwort

Notizen

CD

Anbieter

Adresse

Benutzername

Passwort

Notizen

Anbieter

Adresse

Benutzername

Passwort

Notizen

Anbieter

Adresse

Benutzername

Passwort

Notizen

Anbieter

Adresse

Benutzername

Passwort

Notizen

CD

Anbieter

Adresse

Benutzername

Passwort

Notizen

Anbieter

Adresse

Benutzername

Passwort

Notizen

Anbieter

Adresse

Benutzername

Passwort

Notizen

Anbieter

Adresse

Benutzername

Passwort

Notizen

CD

Anbieter

Adresse

Benutzername

Passwort

Notizen

Anbieter

Adresse

Benutzername

Passwort

Notizen

Anbieter

Adresse

Benutzername

Passwort

Notizen

Anbieter

Adresse

Benutzername

Passwort

Notizen

EF

Anbieter	
Adresse	
Benutzername	
Passwort	
Notizen	

Anbieter	
Adresse	
Benutzername	
Passwort	
Notizen	

Anbieter

Adresse

Benutzername

Passwort

Notizen

Anbieter

Adresse

Benutzername

Passwort

Notizen

Anbieter

Adresse

Benutzername

Passwort

Notizen

Anbieter

Adresse

Benutzername

Passwort

Notizen

Anbieter

Adresse

Benutzername

Passwort

Notizen

Anbieter

Adresse

Benutzername

Passwort

Notizen

E F

Anbieter

Adresse

Benutzername

Passwort

Notizen

Anbieter

Adresse

Benutzername

Passwort

Notizen

Anbieter

Adresse

Benutzername

Passwort

Notizen

Anbieter

Adresse

Benutzername

Passwort

Notizen

G H

Anbieter

Adresse

Benutzername

Passwort

Notizen

Anbieter

Adresse

Benutzername

Passwort

Notizen

Anbieter

Adresse

Benutzername

Passwort

Notizen

Anbieter

Adresse

Benutzername

Passwort

Notizen

G H

Anbieter

Adresse

Benutzername

Passwort

Notizen

Anbieter

Adresse

Benutzername

Passwort

Notizen

Anbieter

Adresse

Benutzername

Passwort

Notizen

Anbieter

Adresse

Benutzername

Passwort

Notizen

Anbieter

Adresse

Benutzername

Passwort

Notizen

Anbieter

Adresse

Benutzername

Passwort

Notizen

Anbieter

Adresse

Benutzername

Passwort

Notizen

Anbieter

Adresse

Benutzername

Passwort

Notizen

IJ

Anbieter

Adresse

Benutzername

Passwort

Notizen

Anbieter

Adresse

Benutzername

Passwort

Notizen

Anbieter

Adresse

Benutzername

Passwort

Notizen

Anbieter

Adresse

Benutzername

Passwort

Notizen

IJ

Anbieter

Adresse

Benutzername

Passwort

Notizen

Anbieter

Adresse

Benutzername

Passwort

Notizen

Anbieter

Adresse

Benutzername

Passwort

Notizen

Anbieter

Adresse

Benutzername

Passwort

Notizen

I J

Anbieter

Adresse

Benutzername

Passwort

Notizen

Anbieter

Adresse

Benutzername

Passwort

Notizen

Anbieter

Adresse

Benutzername

Passwort

Notizen

Anbieter

Adresse

Benutzername

Passwort

Notizen

K L

Anbieter

Adresse

Benutzername

Passwort

Notizen

Anbieter

Adresse

Benutzername

Passwort

Notizen

Anbieter

Adresse

Benutzername

Passwort

Notizen

Anbieter

Adresse

Benutzername

Passwort

Notizen

K L

Anbieter	
Adresse	
Benutzername	
Passwort	
Notizen	

Anbieter	
Adresse	
Benutzername	
Passwort	
Notizen	

Anbieter

Adresse

Benutzername

Passwort

Notizen

Anbieter

Adresse

Benutzername

Passwort

Notizen

KL

Anbieter

Adresse

Benutzername

Passwort

Notizen

Anbieter

Adresse

Benutzername

Passwort

Notizen

Anbieter

Adresse

Benutzername

Passwort

Notizen

Anbieter

Adresse

Benutzername

Passwort

Notizen

M N

Anbieter

Adresse

Benutzername

Passwort

Notizen

Anbieter

Adresse

Benutzername

Passwort

Notizen

Anbieter

Adresse

Benutzername

Passwort

Notizen

Anbieter

Adresse

Benutzername

Passwort

Notizen

M N

Anbieter	
Adresse	
Benutzername	
Passwort	
Notizen	

Anbieter	
Adresse	
Benutzername	
Passwort	
Notizen	

Anbieter

Adresse

Benutzername

Passwort

Notizen

Anbieter

Adresse

Benutzername

Passwort

Notizen

M N

Anbieter

Adresse

Benutzername

Passwort

Notizen

Anbieter

Adresse

Benutzername

Passwort

Notizen

Anbieter

Adresse

Benutzername

Passwort

Notizen

Anbieter

Adresse

Benutzername

Passwort

Notizen

O P

Anbieter

Adresse

Benutzername

Passwort

Notizen

Anbieter

Adresse

Benutzername

Passwort

Notizen

Anbieter

Adresse

Benutzername

Passwort

Notizen

Anbieter

Adresse

Benutzername

Passwort

Notizen

O P

Anbieter

Adresse

Benutzername

Passwort

Notizen

Anbieter

Adresse

Benutzername

Passwort

Notizen

Anbieter

Adresse

Benutzername

Passwort

Notizen

Anbieter

Adresse

Benutzername

Passwort

Notizen

O P

Anbieter

Adresse

Benutzername

Passwort

Notizen

Anbieter

Adresse

Benutzername

Passwort

Notizen

Anbieter

Adresse

Benutzername

Passwort

Notizen

Anbieter

Adresse

Benutzername

Passwort

Notizen

Q R

Anbieter

Adresse

Benutzername

Passwort

Notizen

Anbieter

Adresse

Benutzername

Passwort

Notizen

Anbieter

Adresse

Benutzername

Passwort

Notizen

Anbieter

Adresse

Benutzername

Passwort

Notizen

Q R

Anbieter

Adresse

Benutzername

Passwort

Notizen

Anbieter

Adresse

Benutzername

Passwort

Notizen

Anbieter

Adresse

Benutzername

Passwort

Notizen

Anbieter

Adresse

Benutzername

Passwort

Notizen

Q R

Anbieter

Adresse

Benutzername

Passwort

Notizen

Anbieter

Adresse

Benutzername

Passwort

Notizen

Anbieter

Adresse

Benutzername

Passwort

Notizen

Anbieter

Adresse

Benutzername

Passwort

Notizen

ST

Anbieter

Adresse

Benutzername

Passwort

Notizen

Anbieter

Adresse

Benutzername

Passwort

Notizen

Anbieter

Adresse

Benutzername

Passwort

Notizen

Anbieter

Adresse

Benutzername

Passwort

Notizen

ST

Anbieter

Adresse

Benutzername

Passwort

Notizen

Anbieter

Adresse

Benutzername

Passwort

Notizen

Anbieter

Adresse

Benutzername

Passwort

Notizen

Anbieter

Adresse

Benutzername

Passwort

Notizen

ST

Anbieter

Adresse

Benutzername

Passwort

Notizen

Anbieter

Adresse

Benutzername

Passwort

Notizen

Anbieter

Adresse

Benutzername

Passwort

Notizen

Anbieter

Adresse

Benutzername

Passwort

Notizen

U V

Anbieter

Adresse

Benutzername

Passwort

Notizen

Anbieter

Adresse

Benutzername

Passwort

Notizen

Anbieter

Adresse

Benutzername

Passwort

Notizen

Anbieter

Adresse

Benutzername

Passwort

Notizen

U V

Anbieter

Adresse

Benutzername

Passwort

Notizen

Anbieter

Adresse

Benutzername

Passwort

Notizen

Anbieter

Adresse

Benutzername

Passwort

Notizen

Anbieter

Adresse

Benutzername

Passwort

Notizen

U V

Anbieter

Adresse

Benutzername

Passwort

Notizen

Anbieter

Adresse

Benutzername

Passwort

Notizen

Anbieter

Adresse

Benutzername

Passwort

Notizen

Anbieter

Adresse

Benutzername

Passwort

Notizen

W X

Anbieter

Adresse

Benutzername

Passwort

Notizen

Anbieter

Adresse

Benutzername

Passwort

Notizen

Anbieter

Adresse

Benutzername

Passwort

Notizen

Anbieter

Adresse

Benutzername

Passwort

Notizen

W X

Anbieter	
Adresse	
Benutzername	
Passwort	
Notizen	

Anbieter	
Adresse	
Benutzername	
Passwort	
Notizen	

Anbieter

Adresse

Benutzername

Passwort

Notizen

Anbieter

Adresse

Benutzername

Passwort

Notizen

Anbieter

Adresse

Benutzername

Passwort

Notizen

Anbieter

Adresse

Benutzername

Passwort

Notizen

Anbieter

Adresse

Benutzername

Passwort

Notizen

Anbieter

Adresse

Benutzername

Passwort

Notizen

Y Z

Anbieter

Adresse

Benutzername

Passwort

Notizen

Anbieter

Adresse

Benutzername

Passwort

Notizen

Anbieter

Adresse

Benutzername

Passwort

Notizen

Anbieter

Adresse

Benutzername

Passwort

Notizen

Y Z

Anbieter

Adresse

Benutzername

Passwort

Notizen

Anbieter

Adresse

Benutzername

Passwort

Notizen

Anbieter

Adresse

Benutzername

Passwort

Notizen

Anbieter

Adresse

Benutzername

Passwort

Notizen

YZ

Anbieter

Adresse

Benutzername

Passwort

Notizen

Anbieter

Adresse

Benutzername

Passwort

Notizen

Typ[1]

Marke Modell

Serien-Nummer

Händler Kaufdatum

Betriebssystem

Gerätepasswort

Benutzerkonto/ID[2]

Passwort

Notizen

Typ[1]

Marke Modell

Serien-Nummer

Händler Kaufdatum

Betriebssystem

Gerätepasswort

Benutzerkonto/ID[2]

Passwort

Notizen

[1] PC / MAC / Laptop / Tablet / Smartphone

[2] Apple-ID /Google-Konto / Microsoft-Konto

Typ [1]			
Marke		Modell	
Serien-Nummer			
Händler		Kaufdatum	
Betriebssystem			
Gerätepasswort			
Benutzerkonto/ID[2]			
Passwort			
Notizen			

Typ [1]			
Marke		Modell	
Serien-Nummer			
Händler		Kaufdatum	
Betriebssystem			
Gerätepasswort			
Benutzerkonto/ID[2]			
Passwort			
Notizen			

[1] PC / MAC / Laptop / Tablet / Smartphone

[2] Apple-ID /Google-Konto / Microsoft-Konto

Provider	Telekom		
Tarif		Vertragsabschluss	
Anschlusskennung			
T-Online-Nummer			
Mitbenutzer-Suffix			
Pers. Kennwort			
Notizen			

Provider			
Tarif		Vertragsabschluss	
Zugangs-Kennung			
Passwort			
Notizen			

Provider

Tarif Vertragsabschluss

Zugangs-Kennung

Passwort

Notizen

Provider

Tarif Vertragsabschluss

Zugangs-Kennung

Passwort

Notizen

Provider

Tarif Vertragsabschluss

Zugangs-Kennung

Passwort

Notizen

Router Modell

Gerätepasswort

WLAN-Name (SSID)

WLAN-Schlüssel

IP-Adresse

Serien-Nr.

Notizen

Router Modell

Gerätepasswort

WLAN-Name (SSID)

WLAN-Schlüssel

IP-Adresse

Serien-Nr.

Notizen

Router Modell	
Gerätepasswort	
WLAN-Name (SSID)	
WLAN-Schlüssel	
IP-Adresse	
Serien-Nr.	
Notizen	

Router Modell	
Gerätepasswort	
WLAN-Name (SSID)	
WLAN-Schlüssel	
IP-Adresse	
Serien-Nr.	
Notizen	

E-Mail-Adresse		
Passwort		
POP3-Server	Port[1]	
SMTP-Server	Port[1]	
IMAP-Server	Port[1]	
Webmail-Adresse		
Notizen		

E-Mail-Adresse		
Passwort		
POP3-Server	Port[1]	
SMTP-Server	Port[1]	
IMAP-Server	Port[1]	
Webmail-Adresse		
Notizen		

[1] Verbindungs-Sicherheit STARTTLS oder SSL/TLS

E-Mail-Adresse		
Passwort		
POP3-Server		Port[1]
SMTP-Server		Port[1]
IMAP-Server		Port[1]
Webmail-Adresse		
Notizen		

E-Mail-Adresse		
Passwort		
POP3-Server		Port[1]
SMTP-Server		Port[1]
IMAP-Server		Port[1]
Webmail-Adresse		
Notizen		

[1] Verbindungs-Sicherheit STARTTLS oder SSL/TLS

Software / Version

Lizenzschlüssel

Händler Kaufdatum

Notizen

Software / Version

Lizenzschlüssel

Händler Kaufdatum

Notizen

Software / Version

Lizenzschlüssel

Händler Kaufdatum

Notizen

Software / Version

Lizenzschlüssel

Händler Kaufdatum

Notizen

Software / Version

Lizenzschlüssel

Händler Kaufdatum

Notizen

Software / Version

Lizenzschlüssel

Händler Kaufdatum

Notizen

Software / Version

Lizenzschlüssel

Händler Kaufdatum

Notizen

Software / Version

Lizenzschlüssel

Händler Kaufdatum

Notizen

Software / Version

Lizenzschlüssel

Händler Kaufdatum

Notizen

Software / Version

Lizenzschlüssel

Händler Kaufdatum

Notizen

Software / Version

Lizenzschlüssel

Händler Kaufdatum

Notizen

Software / Version

Lizenzschlüssel

Händler Kaufdatum

Notizen

★★★ NOTIZEN ★★★

So erstellen Sie ein sicheres Passwort in 3 Schritten

❶ Denken Sie sich einen Schlüsselsatz aus und nehmen Sie daraus jeweils die ersten Buchstaben oder markante Bereiche.
Beispiel:
Gut **D**ing **b**raucht **W**eile
Daraus resultierendes Passwort ist: **GDbW**

❷ Im nächsten Schritt ergänzen Sie das Passwort um eine Zahl. Beispielsweise um die ersten beiden Stellen Ihrer Telefon-Nummer.
Beispiel:
GDbW91

❸ Erweitern Sie dieses Passwort z.B. um die ersten beiden Buchstaben des Dienstes, bei dem Sie sich anmelden. Zur Trennung verwenden Sie ein oder mehrere Sonderzeichen.
Beispiel:
GDbW91$#Go

Vorsicht mit Umlauten

Wenn Sie im Ausland Ihr Passwort verwenden, bitte denken Sie daran, dass auf der Tastatur unter Umständen keine Umlaute (oder das ß) vorhanden sind.

www.passwortakte.de

- *Anleitungen zur Passwort-Änderung bei vielen Anbietern*
- *Aktuelle Passwort-Sicherheitshinweise*
- *Tipps zur digitalen Passwort-Speicherung*
- *Sicherheits-Newsletter*

IMPRESSUM
Erscheinungsdatum: 06.2015. 1. Auflage
Verlag: Mediencenter 50plus
Rottmannstr. 7a, 80333 München
Internet: www.mc50plus.de
Autor: Ingmar Zastrow

PC Service-Hotline: 089-55293606

www.ingramcontent.com/pod-product-compliance
Lightning Source LLC
Chambersburg PA
CBHW060949050326
40689CB00012B/2608

9781514722107